# 光影集

## 周有光与中国语文现代化


主　编　杨惠玲　丁艮平

副主编　吴丹莹　林秋贵



暨南大學出版社
JINAN UNIVERSITY PRESS

中国·广州

图书在版编目（CIP）数据

光影集：周有光与中国语文现代化 / 杨惠玲，丁良平主编；吴丹莹，林秋贵副主编．—广州：暨南大学出版社，2016. 7
ISBN 978-7-5668-1679-5

Ⅰ. ①光… Ⅱ. ①杨… ②丁… ③吴… ④林… Ⅲ. ①汉语—现代化—图集
Ⅳ. ① H109.4-64

中国版本图书馆 CIP 数据核字（2015）第 273337 号

**光影集：周有光与中国语文现代化**
GUANGYINGJI：ZHOUYOUGUANG YU ZHONGGUO YUWEN XIANDAIHUA
**主　编：杨惠玲　丁良平　副主编：吴丹莹　林秋贵**

出 版 人：徐义雄
策划编辑：潘雅琴
责任编辑：潘雅琴
责任校对：王嘉涵
责任印制：汤慧君　王雅琪

出版发行：暨南大学出版社（510630）
电　　话：总编室（8620）85221601
　　　　　营销部（8620）85225284　85228291　85228292（邮购）
传　　真：（8620）85221583（办公室）　85223774（营销部）
网　　址：http：//www.jnupress.com　http：//press.jnu.edu.cn
排　　版：广州良弓广告有限公司
印　　刷：深圳市新联美术印刷有限公司
开　　本：787mm × 1092mm　1/16
印　　张：6.375
字　　数：100 千
版　　次：2016 年 7 月第 1 版
印　　次：2016 年 7 月第 1 次
定　　价：39.80 元

# 前言

中国语文现代化是伴随着中国现代化进程发展的语文改革。中国语文现代化兴起于 19 世纪末，至今已有一百多年的历史。这一百多年中不断的语文改革改变了中国语文的面貌，促进了中国教育的发展。而这样的变化有赖于当时的一批学者，周有光教授就是其中之一。周有光教授原是金融学家，50 岁以后改行从事文字改革工作，参与设计“汉语拼音方案”，成为汉语拼音创始人之一。德高、学高和寿高的周有光教授今年 110 岁，他是迄今仍在从事学术工作的最高寿学者。他曾说：“语言使人类区别于禽兽，文字使文明区别于野蛮，教育使进步区别于落后。”这应该就是长久以来推动周教授锲而不舍地研究中国语文改革的动力。

2014 年 10 月 11 日，中山大学新华学院有幸邀请周有光之子——周晓平教授前来座谈交流并为新华学子讲学。在座谈会上，周晓平教授与中山大学新华学院王庭槐院长达成共识，我院要为周有光教授在粤筹办“周有光与中国语文现代化”学术研讨会，并在院内筹建“周有光先生学术展览馆”、成立“周有光与中国语文现代化学术研究中心”。完善周有光教授著作的馆藏及研究工作，充分利用母体学校中山大学雄厚的人才智库资源，在中国南方传承并发扬“中国语文现代化”的事业。此后，我院展开了一系列筹建工作，并派教师前往周有光教授的住处与他会面并收集展品，在短短三个月的时间内完成了“周有光先生学术展览馆”的建设工作。

2015 年 1 月 10 日，为庆祝周有光教授 110 岁华诞，我院邀请数十位来自全国各地的专家学者，在中山大学新华学院东莞校区举行“周有光与中国语文现代化”学术研讨会暨“周有光先生学术展览馆”揭牌仪式。

为纪念本次学术活动，我院将与之相关的照片汇编成册。图册包括“周有光及其学术生涯”“周有光与中国语文现代化”学术研讨会、“周有光先生学术展览馆”，及“周有光与中国语文现代化学术研究中心”等，用一系列图片记录来自全国专家学者对周有光教授的崇敬之情，以及对其杰出学术贡献的景慕。

二〇一五年七月

编撰者

周有光语言学论文集
周有光百岁口述
对话周有光
晚年所思

# 目　录

周有光，原名周耀平，1906年生于江苏常州。经济学教授，杰出的语言文字学家。

他早年专攻经济学，曾留学日本并在美国工作，他是屈指可数的与爱因斯坦面谈过的中国人之一。新中国成立后回到上海任经济学教授，1955年受命改行至文字改革领域，参与设计“汉语拼音方案”，成为汉语拼音创始人之一。

周有光有“周百科”的绰号，拜连襟沈从文所赐。后来他果然成为《简明不列颠百科全书》中文版三位编委之一，其他两位编委是刘尊棋和钱伟长。

周有光祖上为常州望族，他的太太是“张家四姐妹”中的老二张允和。张家四姐妹，个个兰心蕙质，大姐张元和的夫君是昆曲名家顾传玠，老三张兆和是沈从文的夫人，老四张充和嫁给了德裔美籍汉学家傅汉思。

中华人民共和国刚成立时，全国56个民族有数十种方言，要建设这样一个国家，没有统一的、能适应现代化需要的语言文字，是不可想象的。1955年10月，中共中央召开全国文字改革会议，周恩来总理亲自点名邀请精通中、英、法、日四国语言的周有光参加会议。会后他被留在中国文字改革委员会，参加“汉语拼音方案”的制定工作。

如今，在国家各图书馆里，既藏有经济学家周有光的著作，也藏有语言文字学家周有光的著作。从金融经济转到语言文字领域，周有光的改行可算是彻底。

## 一、亲人挚友

一排左起：张允和，周母徐雯，周惠言（周四姐）；二排左起：周有光，周晓平

周有光三连襟与张家三姐妹合影

周有光先生工作情景

周有光与张允和总有说不完的话

周有光与儿子周晓平

## 二、学术生涯

1927 年，周有光在上海光华大学毕业时的纪念册，当时仍用“周耀”这一名字

1947 年，周有光在纽约的住处，当时他被新华银行派驻纽约工作

1947 年，周有光在美国国会图书馆

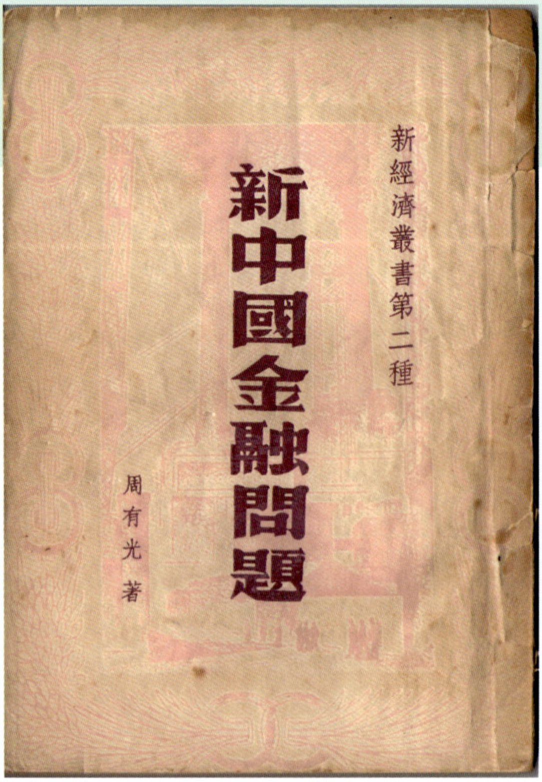


1949 年，周有光著《新中国金融问题》出版

建国初期，由于社会主义现代化建设的迫切需要，国务院于 1954 年 12 月在北京组织成立“中国文字改革委员会”（1985 年更名为“国家语言文字工作委员会”），该会负责执行文字改革的三大任务：简化和整理汉字，推广普通话，制定和推行“汉语拼音方案”。

中国文字改革委员会原办公地点：北京沙滩后街 55 号

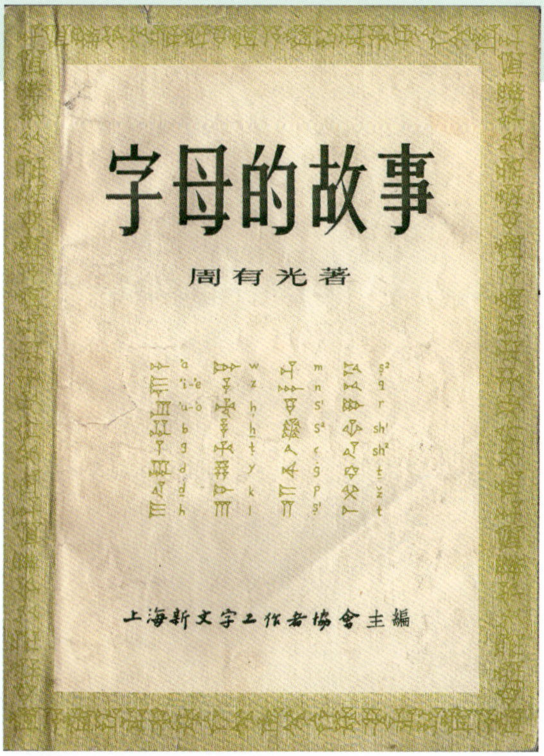


1954 年，周有光著《字母的故事》出版

因周有光在1955年之前出版过关于拼音和文字改革方面的论著，且精通中、英、法、日四国语言，于是，当时仍是复旦大学经济学教授的周有光被周恩来总理亲自点名参加全国文字改革会议。此次受命，彻底改变了周有光后半生的事业发展方向。

基于周有光提出的“口语化、音素化、拉丁化”三个基本原则，他花费三年时间广泛征询、深入研究和反复试行，成功主持制定出版了以26个拉丁字母为注音基础的《汉语拼音方案》。

1955年，周有光（左二）加入中国文字改革委员会

1958 年，中国文字改革委员会出版《汉语拼音方案》，该方案周有光是主要制定者

1979 年 4 月，周有光出席国际标准化组织主办的文献技术会议，并代表中国发言

1958年秋到1959年初春，周有光接受王力的邀请，在北京大学讲授“汉字改革”课程。由讲义整理而成的《汉字改革概论》于1961年由文字改革出版社出版，并于1985年被翻译成日文出版。《汉字改革概论》一书全面而系统地论述了汉字改革问题的多个方面，对语言学和文字学提出了诸如词的结构、同音字和同音词、简化和繁化等新问题，扩大了语言学和文字学的研究范围。

1979年，周有光著《汉字改革概论》中文版第三版出版

1980年，周有光参加中国语言学会成立大会后，与吕叔湘等国内语文学界泰斗合影（左二为周有光，左四为吕叔湘）

1981 年 5 月 25 日至 27 日，《简明不列颠百科全书》中美联合编审委员会第一次会议在北京第五号国宾馆举行（前排右三为周有光）

訳者の略歴

橘田広国（Kitta-Hirokuni）：

1919.6.9.山梨県八代町に生れる。1939，山梨県師範学校卒業，西山小学校訓導。1944，東京高等師範学校文科第五部卒業，朝鮮咸興師範学校教諭。1946から新・旧の中等教育に従事。1973，足立区立第三中学校校長。1980－83，秀明上尾高等学校教頭。

中等教育・中国の文字改革の研究・ローマ字運動に専念。著書，ローマ字読みもの《青い鳥》，中学ローマ字教科書《Sekai no Tabi》，《中学の国語》，《さよなら朝鮮》，《みどりの旗》，《校長のうた》，個人雑誌 Kitta Purinto（1960年から24年間，4850ページ）を発表してきたなど。

現在，日本ローマ字教育研究会長・財団法人日本のローマ字社理事。

すまい；〒277 柏市加賀 1－22－8　でんわ 0471－75－2123

原著《汉字改革概论》（HANZI GAIGE GAILUN）

1901年11月　第 1 版発行　001－ 2,000

1964年 9 月　修訂本発行　3,001－ 9,300　第2版

1979年10月　第 3 版発行　9,301－13,000

1978年2月香港尔雅社版同第2版

1985年2月日文译版同第3版、

KANZI KAIKAKU GAIRON

漢 字 改 革 概 論

周 有 光 著

橘 田 広 国 訳

発行所　〒101 東京都千代田区神田小川町3-24

財団法人　日本のローマ字社

電話（03）291－3557

印刷所　大日本印刷株式会社

1985年 2 月11日発行

1985 年，周有光著《汉字改革概论》日文版由日本“罗马字社”翻译出版

1985 年，中国文字改革参观团访问日本，受到日本“罗马字社”理事长村野辰雄及其同仁的接待
（中间握手者左为周有光）

1986 年，语言界学者聚会（左起季羡林、吕叔湘、许国璋、周有光、马学良）

周有光在香港进行学术交流

1987 年 12 月，应新加坡华文研究会邀请，周有光在新加坡早报新闻中心演讲并进行学术访问活动

周有光在夏威夷等地进行学术交流

第三届国际汉语教学讨论会合影（左二为周有光）

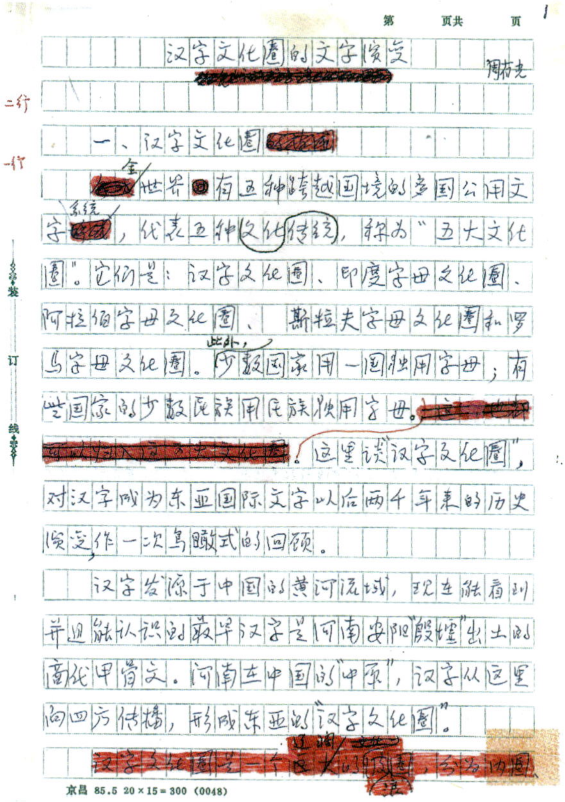

汉字文化圈的文字演变

周有光

一、汉字文化圈

全世界有五种跨越国境的多国公用文字系统，代表五种文化传统，称为"五大文化圈"。它们是：汉字文化圈、印度字母文化圈、阿拉伯字母文化圈、斯拉夫字母文化圈和罗马字母文化圈。此外，少数国家用一国独用字母；有些国家的少数民族用民族独用字母。这里谈汉字文化圈，对汉字成为东亚国际文字以后两千年来的历史演变作一次鸟瞰式的回顾。

汉字发源于中国的黄河流域。现在能看到并且能认识的最早汉字是河南安阳"殷墟"出土的商代甲骨文。河南在中国的"中原"，汉字从这里向四方传播，形成东亚的"汉字文化圈"。

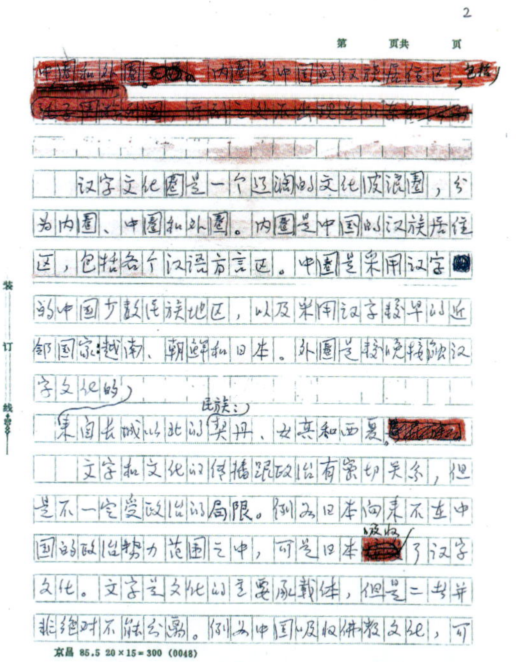

汉字文化圈是一个辽阔的文化波浪圈，分为内圈、中圈和外圈。内圈是中国的汉族居住区，包括各个汉语方言区。中圈是采用汉字的中国少数民族地区，以及采用汉字较早的近邻国家越南、朝鲜和日本。外圈是接受较少汉字文化的，宋代长城以北的民族：契丹、女真和西夏。

文字和文化的传播跟政治有密切关系，但是不一定受政治的局限。例如日本向来不在中国的政治势力范围之中，可是日本吸收了汉字文化。文字是文化的主要承载体，但是二者并非绝对不能分离。例如中国吸收佛教文化，可

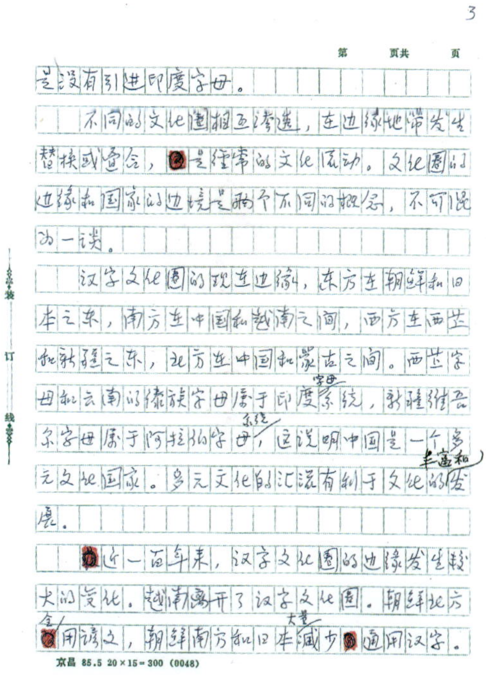

是没有引进印度字母。

不同的文化圈相互渗透，在边缘地带发生替换或重合，这是经常的文化流动。文化圈的边缘和国家的边境是两个不同的概念，不可混为一谈。

汉字文化圈的现在边缘，东方在朝鲜和日本之东，南方在中国和越南之间，西方在西藏和新疆之东，北方在中国和蒙古之间。西藏字母和云南的傣族字母属于印度字母系统，新疆维吾尔字母属于阿拉伯字母系统，这说明中国是一个多元文化国家。多元文化的汇流有利于文化的丰富和发展。

近一百年来，汉字文化圈的边缘发生较大的变化。越南离开了汉字文化圈。朝鲜北方全用谚文，朝鲜南方和日本大量减少通用汉字。

1989年，周有光发表《汉字文化圈的文字演变》的部分手稿

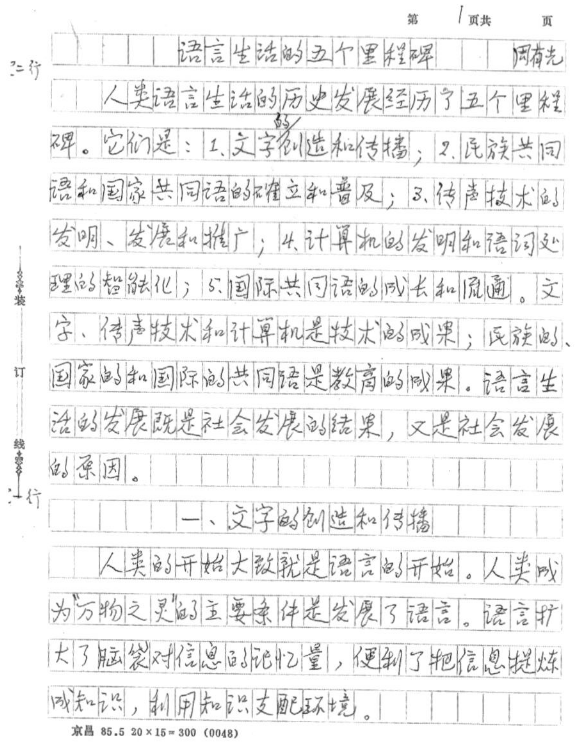
第1页共 页

语言生活的五个里程碑　周有光

人类语言生活的历史发展经历了五个里程碑。它们是：1.文字的创造和传播；2.民族共同语和国家共同语的确立和普及；3.传声技术的发明、发展和推广；4.计算机的发明和语词处理的智能化；5.国际共同语的成长和流通。文字、传声技术和计算机是技术的成果；民族的、国家的和国际的共同语是教育的成果。语言生活的发展既是社会发展的结果，又是社会发展的原因。

一、文字的创造和传播

人类的开始大致就是语言的开始。人类成为"万物之灵"的主要条件是发展了语言。语言扩大了脑袋对信息的记忆量，便利了把信息提炼成知识，利用知识支配环境。

京昌 85.5 20×15=300 (0048)

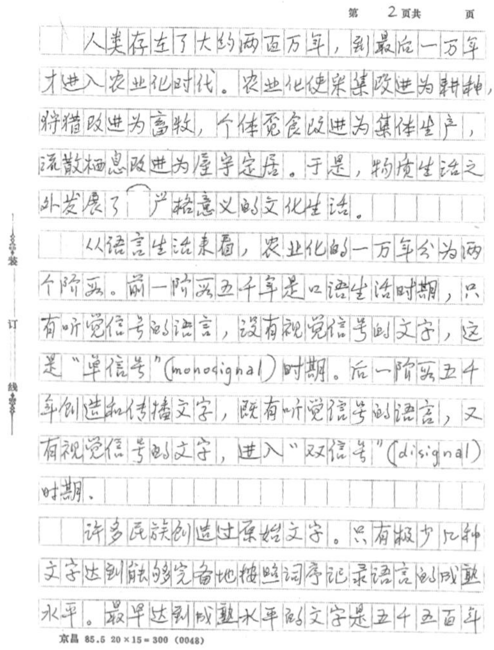
第2页共 页

人类存在了大约两百万年，到最后一万年才进入农业化时代。农业化使采集改进为耕种，狩猎改进为畜牧，个体觅食改进为集体生产，流散栖息改进为屋宇定居。于是，物质生活之外发展了广义意义的文化生活。

从语言生活来看，农业化的一万年分为两个阶段。前一阶段五千年是口语生活时期，只有听觉信号的语言，没有视觉信号的文字，这是"单信号"(monosignal)时期。后一阶段五千年创造和传播文字，既有听觉信号的语言，又有视觉信号的文字，进入"双信号"(disignal)时期。

许多民族创造过原始文字。只有极少几种文字达到能够完备地按照词序记录语言的成熟水平。最早达到成熟水平的文字是五千五百年

京昌 85.5 20×15=300 (0048)

第3页共 页

前西亚两河流域(Mesopotamia)的钉头字(cuneiform)和北非埃及的圣书字(hieroglyphic)。在东亚，文字的成熟比西亚和北非晚二千年；三千四百年前中国的甲骨文是已经释读的最早汉字。在美洲，文字创造更晚，中美洲尤卡坦(Yucatan)半岛的马亚文字(Maya)不到两千年。

跟甲骨文相同的时代，西亚地中海东岸从表意兼表音的文字中发展出纯表音的字母。比拨罗(Byblos)字母是已经释读的最早字母，它向四方传播，经过不断变化，成为今天全世界的各种字母文字。

文字使眼睛帮助耳朵，把难于传久和行远的声音，变成可以留给后世和送到异地的符号，打破了语言的时间和空间的局限。母子传授的口语教育时代过去了，师生传授的文字教育时

京昌 85.5 20×15=300 (0048)

1989年，周有光发表《语言生活的五个里程碑》的部分手稿

步入耄耋之年的周有光，依然孜孜不倦，在文字领域爬梳整理，耕耘不辍。在 20 世纪 90 年代末先后出版了文字学研究领域的两本重量级著作——《世界文字发展史》和《比较文字学初探》。

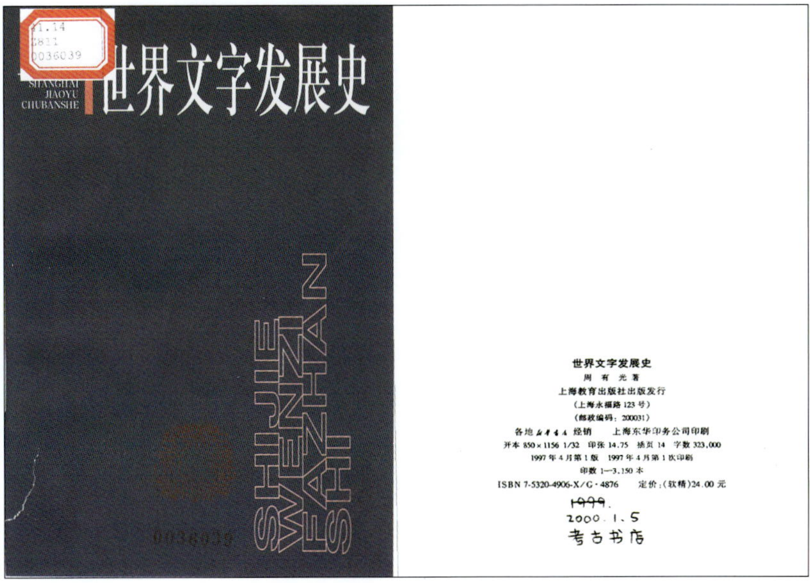


1997 年，周有光著《世界文字发展史》出版

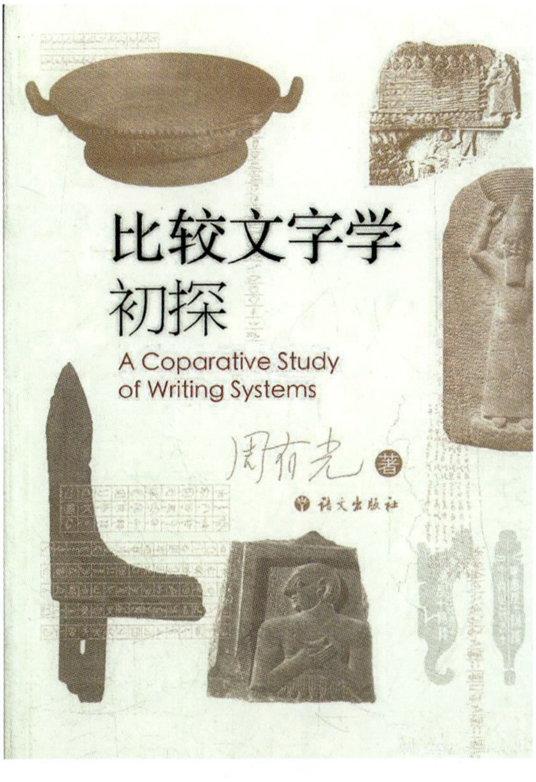


1998 年，周有光著《比较文字学初探》出版

2001年，时年96岁的周有光在“语文现代化与汉语拼音方案”国际学术研讨会上发言

2007年，周有光著《周有光语文论集》（四卷本）获第五届吴玉章奖特等奖

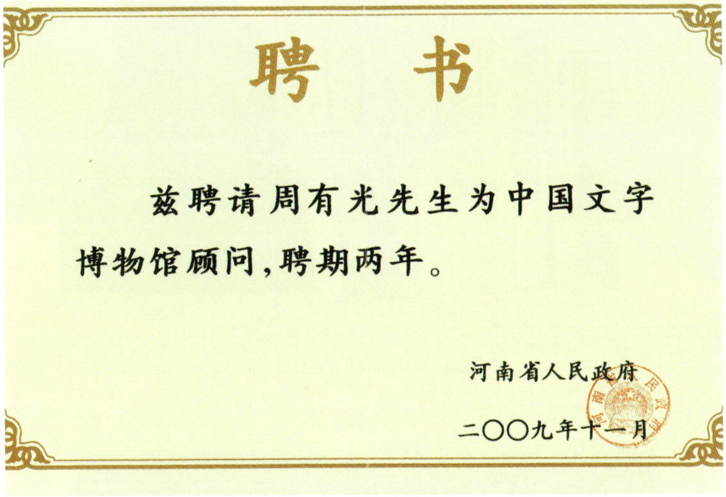

聘　书

兹聘请周有光先生为中国文字博物馆顾问，聘期两年。

河南省人民政府

二〇〇九年十一月

2009 年，周有光被河南省人民政府聘为中国文字博物馆顾问

2010 年，周有光先生被《人物周刊》评为“2010 中国魅力人物”

中山大学新华学院领导和师生聆听周晓平教授关于“谈学新华——与大学生谈学习”的专题讲座

中山大学新华学院的学生认真聆听周晓平教授的专题讲座

中山大学新华学院学生踊跃提问

中山大学新华学院学生积极发言

讲座后，周晓平教授与中山大学新华学院领导和师生合影

## 二、周晓平教授参观中山大学新华学院并与学院领导会谈

2014年10月11日，周晓平教授莅临中山大学新华学院参观并与学院刘荣海董事长会谈

2014年10月11日，周晓平教授与中山大学新华学院院长王庭槐教授探讨办学和教育理念，同时双方商定中山大学新华学院为周有光先生在粤筹办“周有光与中国语文现代化”学术研讨会，并筹建“周有光先生学术展览馆”及成立“周有光与中国语文现代化学术研究中心”

2014 年 11 月 18 日，中山大学新华学院学工部部长林秋贵拜访并采访周有光先生及周晓平教授

# 第三辑

## “周有光与中国语文现代化”学术研讨会

与会代表/嘉宾在中山大学新华学院（东莞校区）孙中山像前合影

2015 年 1 月 10 日，“周有光与中国语文现代化”学术研讨会隆重举行

2015 年 1 月 10 日，中山大学新华学院党委书记刘美南主持“周有光与中国语文现代化”学术研讨会开幕式

广东省朗诵协会副会长、中华经典传播中心主任陈汉东向学术研讨会赠诗

“周有光与中国语文现代化”学术研讨会开幕式主席台上的嘉宾

“周有光与中国语文现代化”学术研讨会开幕式现场

## “周有光与中国语文现代化”学术研讨会系列之专题学术报告会

### ——高校语言文字学专家董晓教授、许光烈教授谈历史文化观和网络语言发展

2015 年 1 月 10 日，中山大学新华学院李中生副院长在研讨会上主持“谈历史文化和网络语言发展”专题报告会

南京大学文学院董晓教授在研讨会上作《我的心得》学术报告

广州大学文学院许光烈教授在研讨会上作《网络语言及其造词理据》学术报告

中山大学新华学院学生认真聆听本次研讨会各位专家的学术报告

在场学生对研讨会报告内容响应积极

专题报告会后，广州大学文学院许光烈教授接受中山大学新华学院学生记者采访

# “周有光与中国语文现代化”学术研讨会系列之专题学术研讨会

## ——国内语言文字学界、高校知名学者研讨中国语文现代化

### 上半场

2015 年 1 月 10 日，“周有光与中国语文现代化”专题学术研讨会会议现场

2015 年 1 月 10 日，中山大学新华学院王庭槐院长主持专题研讨会（上半场）“中国语文现代化”会议并致辞

中国语文现代化学会副会长兼秘书长袁钟瑞教授在专题研讨会上发言：《略谈周有光先生文字研究的学术成就》

南京大学原副校长董健教授在专题研讨会上发言：《略论周有光的文化观》

中国语文现代化学会原副会长、广东语言学会会长詹伯慧教授在专题研讨会上发言：《向周有光先生学什么》

中山大学中文系主任李炜教授在专题研讨会上发言：《高山仰止》

中山大学新华学院李中生副院长在专题研讨会上作总结发言

与会代表认真记录各位代表的发言内容

中山大学新华学院学生志愿者为与会代表热心服务

Weibrand
薛 荣

王玲玲
赵贤

潘雅琴

范炎培

在本次研讨会上，与会专家积极发言，他们依次为香港中国语文学会理事会姚德怀主席、香港拼音优化教学促进会熊怀苑会长、常州大学周有光语言文化学院薛荣院长、苏州科技大学文理学院王玲玲教授、暨南大学出版社人文社科分社总编辑潘雅琴、常州市社科院范炎培研究员、绍兴文理学院寿永明副院长

在本次研讨会上，中国语文现代化学会副秘书长谭汝为教授接受中山大学新华学院学生记者采访

# 第四辑

# 周有光先生学术展览馆

有光一生 一生有光
周有光学术展览馆
二〇一五年一月十日
中山大學新華學院
XINHUA COLLEGE OF SUN YAT SEN UNIVERSITY
学院地址：
广东省广州市天河区龙洞华美路19号（510520）
广东省东莞市麻涌镇沿江西一路7号（523133）
联系电话：86-20-87065915 86-769-82676817
学院网址：http://xh.sysu.edu.cn
值先生一百一十周年华诞之际，我校幸蒙先生及家人、好友的积极支持和慷慨捐赠，设立“周有光学术展览馆”，展示先生之主要学术成就及其传奇人生，以冀成为广大师生和社会人士了解、学习这位中国传奇人瑞的一个窗口；同期成立“周有光学术研究中心”，致力打造语言文字研究的学术平台，嘉惠学林及社会大众。

## 一、“周有光先生学术展览馆”揭牌

2015 年 1 月 10 日上午，“周有光先生学术展览馆”揭牌仪式在中山大学新华学院教学楼举行。全国政协教科文卫体副主任陈小娅，中国产学研合作促进会执行副会长、秘书长王建华，中山大学党委书记陈春声，中山大学新华学院院长王庭槐为展览馆共同揭牌。揭牌仪式由刘美南书记主持。

新华学院“周有光先生学术展览馆”的成功揭牌，对弘扬周有光先生的学术思想和学术精神，以及对本院日后的办学与治学具有重大意义。

2015 年 1 月 10 日，全国政协教科文卫体副主任陈小娅（右二），中国产学研合作促进会执行副会长、秘书长王建华（左一），中山大学党委书记陈春声（左二），中山大学新华学院院长王庭槐（右一），共同为“周有光先生学术展览馆”揭牌

2015 年 1 月 10 日，中山大学新华学院院长王庭槐、中山大学党委书记陈春声、全国政协教科文卫体副主任陈小娅、中国产学研合作促进会执行副会长王建华（左起）共同参观周有光先生学术展览馆

2015 年 1 月 10 日，中山大学新华学院学生为与会代表介绍周有光的传奇人生

2015 年 1 月 10 日，与会代表参观周有光先生学术展览馆并交流（左二为广州大学文学院许光烈教授，右一为暨南大学出版社人文社科分社潘雅琴总编辑）

2015 年 1 月 10 日，与会代表参观周有光先生学术展览馆并交流（左为中国语文现代化学会副会长袁钟瑞教授，右为广东语言学会会长詹伯慧教授）

2015年1月10日，广东语言学会会长詹伯慧教授于会中接受中山大学新华学院学生记者采访

南京大学原副校长董健教授于会中接受广东广播电视台记者等采访

2015 年 1 月 10 日，中山大学新华学院院长王庭槐教授参观周有光先生学术展览馆期间接受广东广播电视台记者等采访

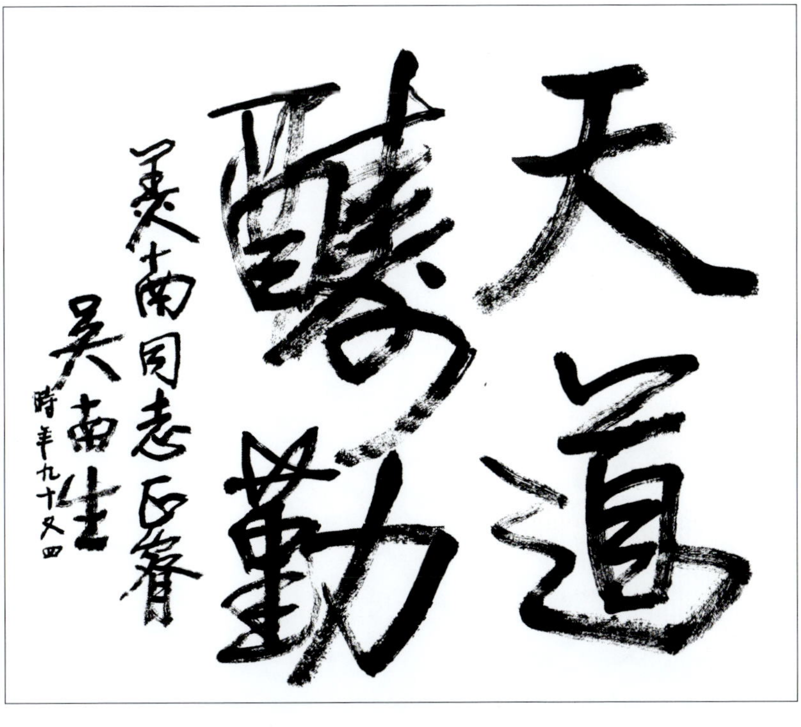


中共广东省委原书记吴南生为中山大学新华学院党委书记刘美南题词

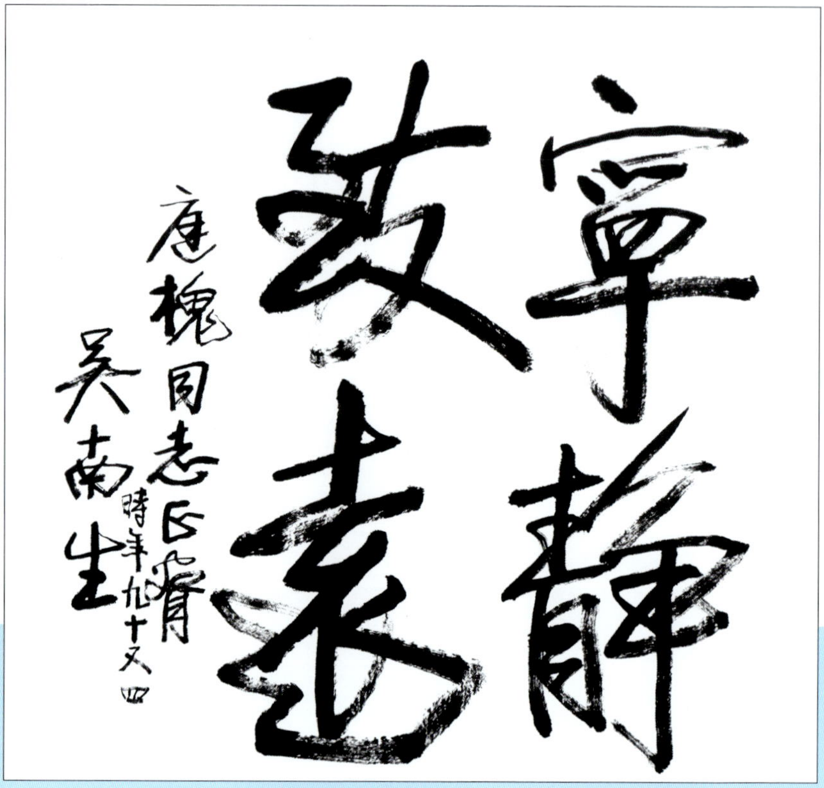


中共广东省委原书记吴南生为中山大学新华学院院长王庭槐题词

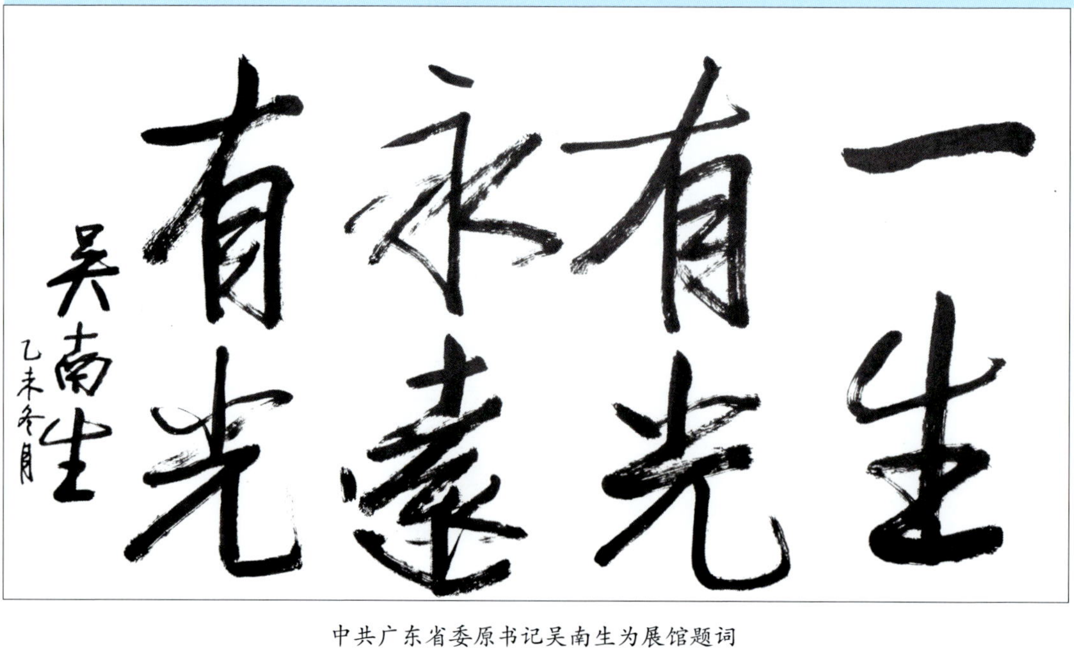


中共广东省委原书记吴南生为展馆题词

2016 年 1 月 3 日，中山大学新华学院领导陪同中共广东省委原书记吴南生参观周有光先生学术展览馆，并在展馆前合影（左起王庭槐、吴南生、刘美南、刘婉莉）

## 二、各界嘉宾参观展览馆

2016 年 1 月 3 日，中山大学新华学院领导陪同中共广东省委原书记吴南生参观周有光先生学术展览馆

2015年1月10日，王庭槐院长陪同颜光美教授（中山大学副校长）、张纯祥教授（原中山大学副校长）、许发茂教授（原中山医科大学党委书记）、张荣芳教授（原中山大学副校长）（从左到右）等与会代表参观周有光先生学术展览馆

2015年1月10日，中山大学领导嘉宾参观周有光先生学术展览馆

2015年1月10日，参加“周有光与中国语文现代化”的与会代表参观展览馆

2015 年 4 月 14 日，中山大学新华学院许淑锐副院长向北京数研航空遥感科技有限公司嘉宾介绍“周有光先生学术展览馆”的由来

2015 年 4 月 14 日，中山大学新华学院副院长许淑锐陪同北京数研航空遥感科技有限公司嘉宾参观“周有光先生学术展览馆”

2015 年 4 月 14 日，北京数研航空遥感科技有限公司、东莞麻涌镇政府嘉宾和中山大学新华学院领导在周有光先生展览馆合影

2015 年 3 月 12 日，中山大学新华学院董事迎接华南农业大学珠江学院嘉宾

2015 年 3 月 12 日，中山大学新华学院董事陪同华南农业大学珠江学院嘉宾参观“周有光先生学术展览馆”

## 潮属社团来访

2015 年 3 月 4 日，中山大学新华学院办公室丁良平主任向潮属社团嘉宾介绍“周有光先生学术展览馆”馆藏内容

2015 年 3 月 4 日，中山大学新华学院学工部林秋贵部长向潮属社团嘉宾介绍“周有光先生学术展览馆”概况

## 三、周有光先生学术展览馆介绍

2014 年 10 月，经我院王庭槐院长与周晓平教授协商，决定由我院举办“周有光与中国语文现代化”学术研讨会，随即着手筹建周有光先生学术展览馆，并派专人前往周有光先生住处等收集其学术作品用以展览。

“周有光先生学术展览馆”全貌（效果图）

馆藏内容

馆藏内容

有光一生，一生有光
有光一生
广抒人间挚爱厚德情
周有光的故事，多少带点传奇。除却学术上的成就，我们对周有光的熟悉，大抵关注以下几个方面：一是他的好人缘，二是他与张允和长达七十年的爱恋，三是他的爱国爱乡，四是他超过一个世纪的寿龄。
周有光的人生本身是一幅画卷，他走过的城市、山川，都化成了他的生命。我们作为后生，虽不能至，然心向往之。
亲人挚友
有光一生，广抒人间挚爱厚德情

馆藏内容

有光一生，一生有光
有光一生，广抒人间挚爱厚德情
亲人挚友
时年70岁 周有光母亲
周保贻 周有光父亲
左起一排：张允和，周母徐雯，周恩言；
左起二排：周有光，周晓平
1906年1月13日，常州青果巷的书香之家诞生了一位高才，他就是周有光。曾祖父经营纺织业，太平天国攻打常州时，周家家产化作乌有，从此家道中落。父亲周保贻思想开明，以教书为业，后开办国学馆，教授古文。祖母和母亲对他的影响最大，祖母教他念唐诗，母亲性情温和，从不生气，使他得以养成静以修身，淡泊明志的性格。
1923年周有光从常州中学毕业，以优异的成绩考入上海圣约翰大学学习，后转入光华大学，毕业后从事教育和银行金融业工作。1946年被派往美国工作。1948年工作期满，他在可以留美工作的情况下毅然选择回到国内工作，与心中铭记着母亲有一定的关系。“哀哀父母，生我劬劳”，百行孝为先。

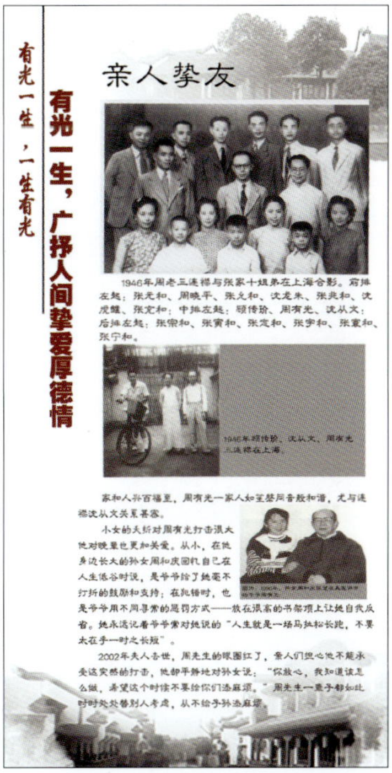
有光一生，一生有光
有光一生，广抒人间挚爱厚德情
亲人挚友
1946年周老三连襟与张家十姐弟在上海合影。前排左起：张元和、周晓平、张允和、沈龙朱、张兆和、沈虎雏、张充和；中排左起：顾传玠、周有光、沈从文；后排左起：张宗和、张寅和、张定和、张宇和、张寰和、张宁和。
1946年顾传玠、沈从文、周有光三连襟在上海。
家和人兴百福至，周有光一家人如琴瑟同音般和谐，尤与连襟沈从文关系甚密。
小女的夭折对周有光打击很大，他对晚辈也更加关爱。从小，在他身边长大的孙女周和庆回忆自己在人生低谷时说，是爷爷给了她毫不打折的鼓励和支持；在犯错时，也是爷爷用不同寻常的惩罚方式——放在很高的书架顶上让她自我反省。她永远记着爷爷常对她说的“人生就是一场马拉松长跑，不要太在乎一时之长短”。
2002年夫人去世，周先生的眼圈红了，亲人们担心他不能承受这突然的打击，他却平静地对孙女说：“你放心，我知道该怎么做，希望这个时候不要给你们添麻烦。”周先生一辈子都如此时时处处替别人考虑，从不给子孙添麻烦。

有光一生，一生有光
有光一生，广抒人间挚爱厚德情
亲人挚友
周老和夫人社交广泛，人缘极好。在美国，经常有中国朋友来访，李方桂、徐樱夫妇及《大公报》记者杨刚和刘尊棋是周家常客，刘尊棋对当时世界变化了如指掌，他们经常聚在一起畅聊国际形势。著名学者罗常培二战后常到美国讲学，他多次和老舍一道去周家。
周老在美国时两次访问爱因斯坦，畅聊国际形势及当时美国发生的情况，周老对爱因斯坦印象非常好，认为他很随和，没有脾气和架子。
回国后，周老与经济界、昆曲界、语言学界的朋友都交往甚密。俞平伯跟周家交情很好，周称俞平伯“很有学问，风度翩翩，是中国传统的仁人君子。”吕叔湘是他中学时代的同学，胡愈之、王力都是他的朋友，周老与他们经常聚在一起聊天，有时一谈就谈到晚上十二点。

馆藏内容

有光一生，一生有光
有光一生，广纾人间挚爱厚德情
爱国爱乡
爱国爱乡
爱国爱乡

馆藏内容

有光一生，一生有光
有光一生，广纾人间挚爱厚德情
琴瑟和鸣
琴瑟和鸣
琴瑟和鸣
周有光夫妇的点滴瞬间

馆藏内容

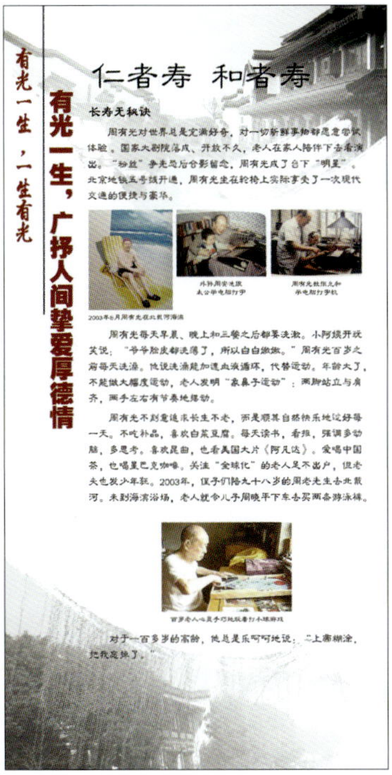
有光一生，一生有光
有光一生，广抒人间挚爱厚德情
仁者寿　和者寿

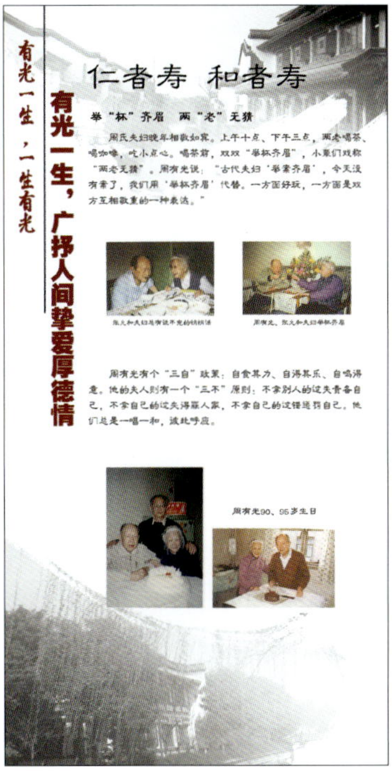
有光一生，一生有光
有光一生，广抒人间挚爱厚德情
仁者寿　和者寿

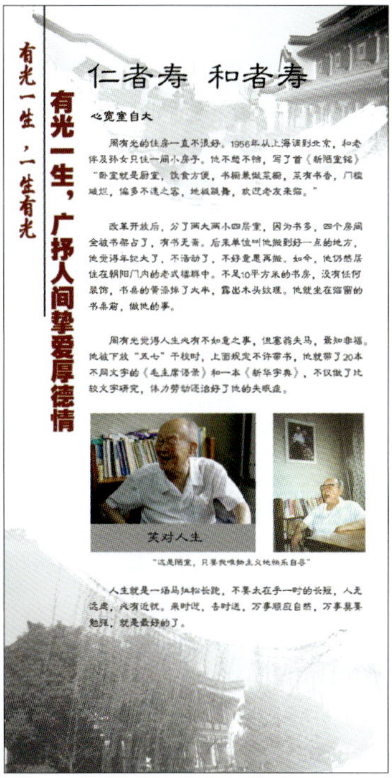
有光一生，一生有光
有光一生，广抒人间挚爱厚德情
仁者寿　和者寿

馆藏内容

有光一生，一生有光
一生有光，促进中国语文现代化
汉语拼音方案的制定

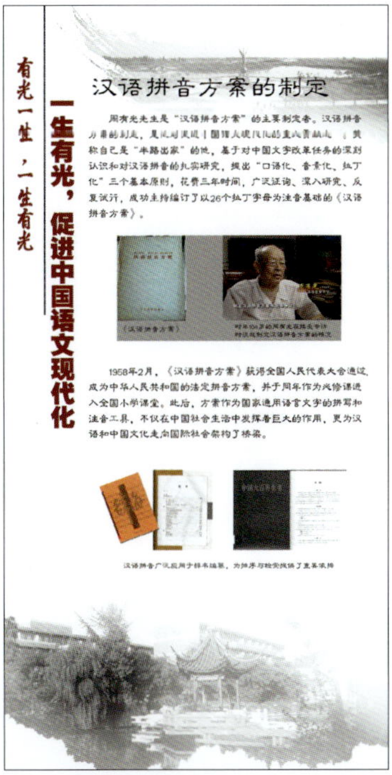
有光一生，一生有光
一生有光，促进中国语文现代化
汉语拼音方案的制定

有光一生，一生有光
一生有光，促进中国语文现代化
汉语拼音方案的制定

馆藏内容

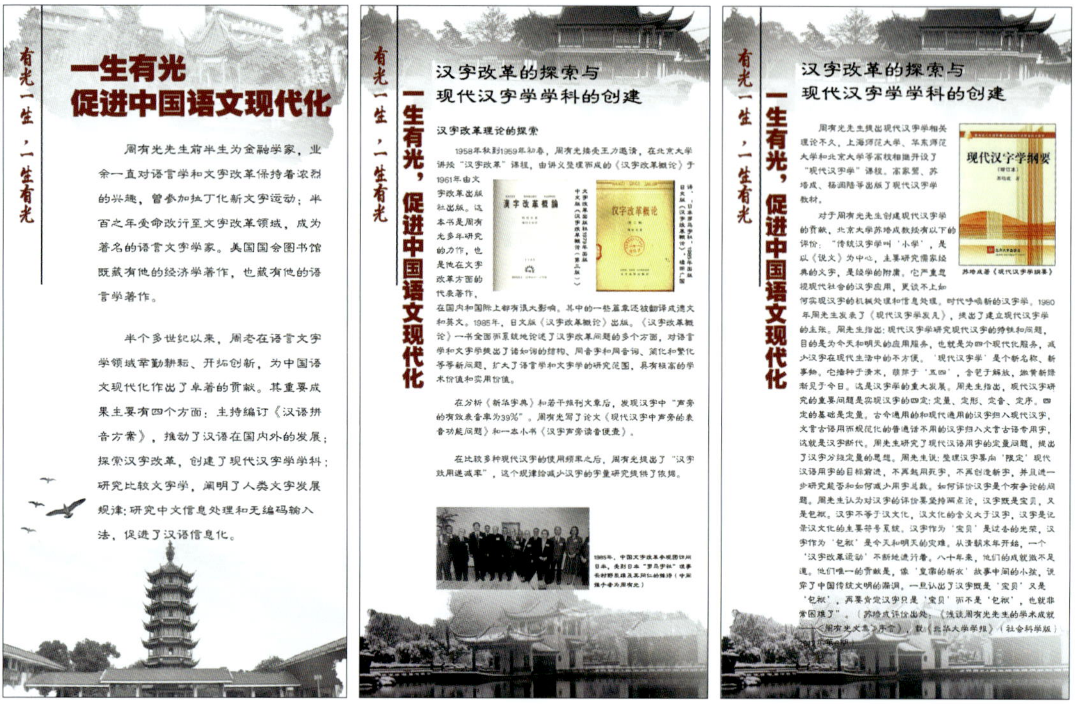
有光一生，一生有光
一生有光
促进中国语文现代化
周有光先生前半生为金融学家，业余一直对语言学和文字改革保持着浓烈的兴趣，曾参加拉丁化新文字运动；半百之年受命改行至文字改革领域，成为著名的语言文字学家。美国国会图书馆既藏有他的经济学著作，也藏有他的语言学著作。
半个多世纪以来，周老在语言文字学领域辛勤耕耘、开拓创新，为中国语文现代化作出了卓著的贡献。其重要成果主要有四个方面：主持编订《汉语拼音方案》，推动了汉语在国内外的发展；探索汉字改革，创建了现代汉字学学科；研究比较文字学，阐明了人类文字发展规律；研究中文信息处理和无编码输入法，促进了汉语信息化。
有光一生，一生有光
一生有光，促进中国语文现代化
汉字改革的探索与
现代汉字学学科的创建
汉字改革理论的探索
有光一生，一生有光
一生有光，促进中国语文现代化
汉字改革的探索与
现代汉字学学科的创建

馆藏内容

馆藏内容

馆藏内容

有光一生，一生有光
一生有光，促进中国语文现代化
世界文字比较研究
步入耄耋之年后的周有光，依然孜孜不倦，在文字领域爬梳整理，耕耘不辍。20世纪90年代末，他先后出版了文字研究领域的两部重量级著作——《世界文字发展史》和《比较文字学初探》。
耄耋老人的文字史研究
1997年，侧重文字史研究的《世界文字发展史》由上海教育出版社出版，该著以宏大的世界眼界来研究文字的发展史，后被列入“世纪文库”。周有光把世界文字史分为三个时期：原始文字、古典文字和字母文字。他认为“世界各地的文字不是一盘散沙，而是一个有共同规律的人类文字系统”，他还认为“把人类文字作为一个整体来研究，首先就要收集和了解世界文字的史料”。（引用自《世界文字发展史》序言）
《世界文字发展史》，上海世纪出版集团，2003年版
有光一生，一生有光
一生有光，促进中国语文现代化
中文信息处理的研究与实践
提起周有光先生对中国语文现代化的贡献，让人感到高山仰止的还有：他走在时代前列，八十多岁学习计算机，研究和实践中文信息处理。
提出系列中文信息处理研究课题
二次大战以后，新技术革命来势凶猛，它对人类的语言生活产生了强烈的冲击。新技术时代的语言生活，有两件突出的事情。一是电子计算机的发明，二是国际共同语的发展。其中计算机的语词处理智能化使语言生活发生多方面的革命，使语文现代化的步子迈得更快更稳健。
上世纪80年代，我国刚刚改革开放，计算机对中国人来说非常稀奇。但是八十多岁的周有光先生敏感地意识到未来是信息化的时代，为此他提出了一系列涉及到中文信息处理的研究课题：中文输入电脑、自然语言处理、广播和电视语文规范化、特殊语文的处理等等。
周有光先生关于计算机的发明和语词处理智能化的手稿
身体力行进行中文信息处理实践
1988年，夏普公司为研制打字机专门找到周有光，请教相关的技术性问题，周有光先生详细介绍了汉字拼音的特点，并给予了许多专业性的指导。周有光先生不仅自己使用打字机，身体力行进行中文信息处理技术的实践，还动员身边的人使用汉语拼音打字。
周有光先生用过的打字机
有光一生，一生有光
一生有光，促进中国语文现代化
世界文字比较研究
耄耋老人的文字学研究
周有光认为：“汉字型文字是人类创造的许多文字系统中间的一种。只从汉字来观察汉字，难免‘不识庐山真面目，只缘身在此山中’。还应当把视野再扩大一步，把人类的所有文字作为一个整体，进行微观的和宏观的研究、历时的和共时的比较，这是‘人类文字学’。这样，才能完整地理解人类文字的历史事实、功能性质和发展规律，以及汉字在人类文字发展史中所处的地位。”
要比较就需要分类，周有光尝试提出了一种文字分类的新方法——“三相分类法”，即把文字的特征分为三个侧面，也就是“符位相”（图符、字符、字母）、“语段相”（语词、音节、音素）和“表达相”（表形、表意、表音）三相。世界上的文字通过三相的分类，都可以把握其特点并找到它在世界文字中的位置，例如汉字就属于图符或字符+语词和音节+意音，简称为意音文字。
《比较文字学初探》书影
通过汉字和丁头字的比较研究，周有光发现：汉字跟丁头字在传播的过程中，都是在传播到本土以外的民族以后，才摆脱“意音结构”，发生“从意到音”的质变，成为表音文字。通过比较研究，周有光还证实了世界文字发展中确实存在着从表形到表意再到表音的客观规律，而这条规律的阐明对汉字的拼音化具有重要影响。
1998年，《世界文字发展史》的姊妹篇，侧重于文字规律研究的《比较文字学初探》由语文出版社出版。
在中国，周有光关于比较文字学的研究具有开创意义。

馆藏内容

## 馆藏品

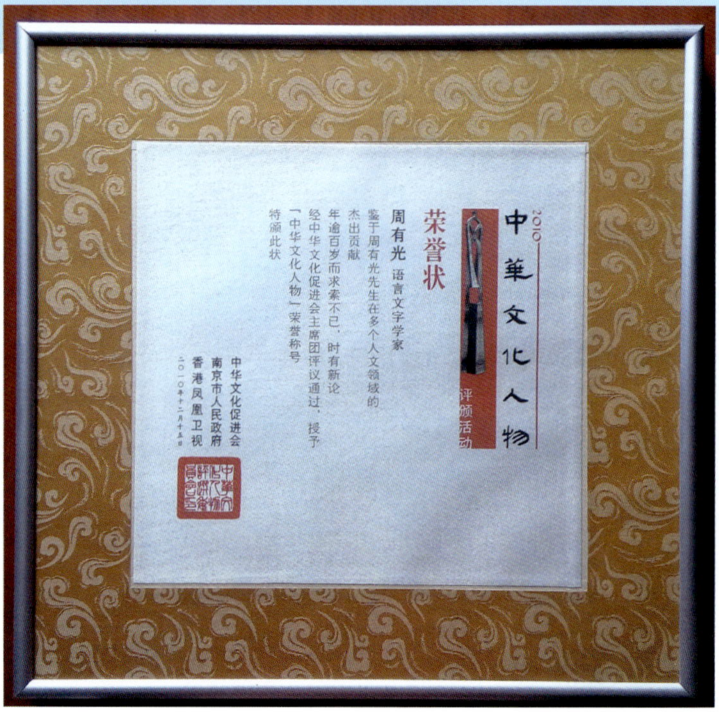
2010
中華文化人物
评颁活动
荣誉状
周有光 语言文字学家
鉴于周有光先生在多个人文领域的
杰出贡献
年逾百岁而求索不已，时有新论
经中华文化促进会主席团评议通过，授予
「中华文化人物」荣誉称号
特颁此状
中华文化促进会
南京市人民政府
香港凤凰卫视
二〇一〇年十二月十五日

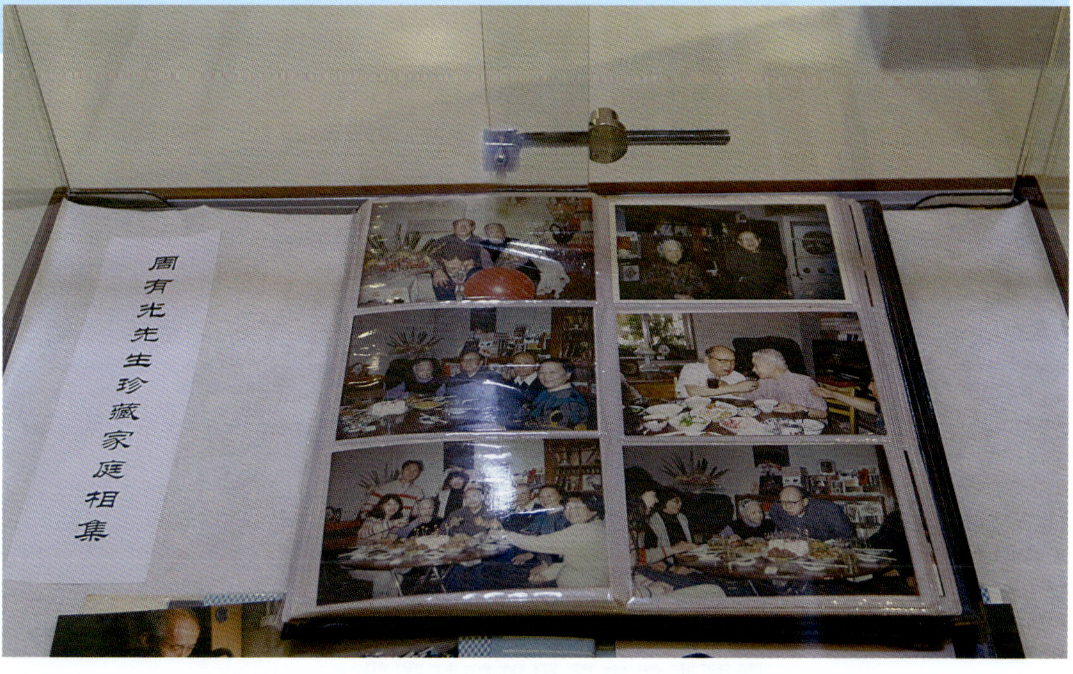
周有光先生珍藏家庭相集

2015 年 1 月 10 日，中山大学新华学院举办“周有光与中国语文现代化”学术研讨会的同时还举行了“中国大学生产学研创新创业实训基地”挂牌仪式。各参会领导、嘉宾参观了该产学研基地。

2015 年 1 月 10 日，全国政协教科文卫体委员会陈小娅副主任和中国产学研合作促进会王建华副会长与中山大学新华学院领导出席“中国大学生产学研创新创业实训基地”挂牌仪式

## 一、Fab Lab XH（新华创客实验室）

中山大学新华学院响应国家“大众创新，万众创业”的号召，以社会为舞台，以共同创新、开放创新为特点，创建了以创新教育国际化为发展方向的 Fab Lab 创新中心（原科技应用与创新中心）。该中心最核心的是 Fab Lab XH（Fabrication Laboratory Xin Hua，新华创客实验室）。Fab Lab XH 于 2015 年 1 月建成与国际接轨的中国南方领先的微观装配实验室（Fabrication Laboratory），并于 2015 年 2 月 23 日通过美国麻省理工学院（Massachusetts Institute of Technology，MIT）Fab Lab 审核，成为国际 Fab Lab 的成员。

Fab Lab XH 位于中山大学新华学院的东莞校区，占地约 1 000 平方米，是以“跨学科，开放设计，3D 打印，创客创新”等互联网革新为主题的跨界开放、创新创意空间。实验室分为工作区和培训区两个部分，用以学员开发产品及培训、学习，实验室配置全新的 3D 打印机、激光切割机、雕塑机、刻字机、CNC 铣床、PC 工作站、3D 扫描仪和平面绘图仪等设备。

目前，Fab Lab XH 主要用于教学科研、机器人制作和 3D 打印等科技创新活动，实验室实行对外（校内外）开放，每周一次开放日，在这期间，创客们可以利用实验室设备完成各自的项目；而每周一次的数字化制造车间，参与者可以通过设计、打印设计的作品来亲身体验 3D 技术的魅力。

中山大学新华学院新华创客实验室设备

中山大学新华学院新华创客实验室设备

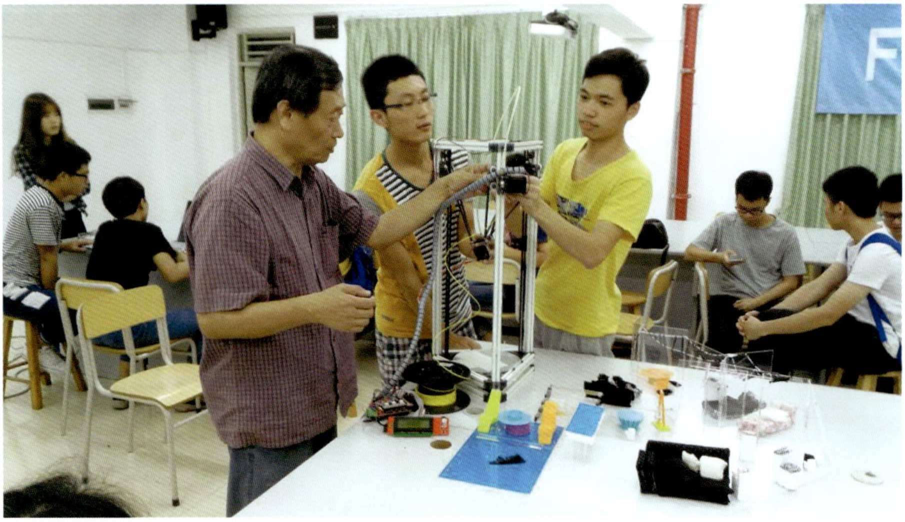

中山大学新华学院新华创客实验室负责人胡铁君教授指导学生开发产品

2015 年 1 月 10 日，中山大学新华学院领导陪同全国政协教科文卫体委员会陈小娅副主任和中国产学研合作促进会王建华副会长参观 Fab Lab XH 并合影

2015 年 1 月 10 日，中山大学新华学院新华创客实验室负责人胡铁君教授向嘉宾介绍 Fab Lab XH

## 二、南铺北店

广州南铺北店网络科技有限公司是创新型电子商务高科技企业，开发创新型 4.0 电商，O2O 购物平台，是一个集商品营销、体验、网购于一体的综合性功能平台。它以大学生创业军团和互联网为主要商品信息传播载体，以大学生线下体验中心、社区线下体验店为主要运营场所，实现商品线上网购与线下实体店及移动手机端进行互动的新型购物模式。南铺北店与高校达成校企合作，开展创业实训项目，共同打造大学生创业平台。

2015 年 1 月 10 日，中山大学新华学院领导陪同全国政协教科文卫体委员会陈小娅副主任参观南铺北店线下体验中心

# 第六辑

## 周有光与中国语文现代化学术研究中心

为使本院师生能全面、系统地领略周有光先生的精彩人生及文字学家的风采，提高师生对中国语文的兴趣，我院李中生副院长于2014年10月27日邀请周有光研究中心主任、《周有光年谱》作者、常州市社会科学院历史文化研究所研究员范炎培先生莅临我院东莞校区做主题讲座：“周有光的故事”。

2014年10月27日，中山大学新华学院李中生副院长主持“周有光的故事”专题讲座

2014年10月27日，常州市社会科学院历史文化研究所范炎培研究员在“周有光的故事“专题讲座上讲述周有光传奇人生

2014 年 10 月 27 日，“周有光的故事”专题讲座会场

学生全神贯注地倾听“周有光的故事”讲座

学生对“周有光的故事”专题讲座热烈地提问

讲座结束后，范炎培研究员欣然为中山大学新华学院的学生签名

讲座后，范炎培研究员与中山大学新华学院师生合影

2015 年 12 月 7 日，周有光与中国语文现代化研究中心古诗文吟诵组在周有光与中国语文现代化学术研究中心开展吟诵培训交流会，传承汉语诗词文赋的诵读传统，深入体会吟诵的精神内涵和审美韵味

# 后 记

2014 年 10 月 11 日，基于周有光之子周晓平先生与中山大学新华学院王庭槐院长的协商、提议，我院有幸在文化巨擘、世界公民——周有光先生 110 岁华诞之际，以“周有光与中国语文现代化”学术研讨会为主题，以周有光先生的人生经历为主线，用影像的方式记录下周老先生与中国语文现代化的光辉岁月。

2015 年 1 月 10 日，“周有光与中国语文现代化”学术研讨会暨“周有光先生学术展览馆”揭牌仪式在我院隆重举行。会议从筹备到举办，在王庭槐院长和刘荣海董事长的大力推进和支持下，得到了来自全国政协教科文卫体委员会、中国产学研合作促进会、广东省教育厅、中山大学、中国语文现代化学会和广东语言学会等专家学者的人力支持，并获得圆满成功。为弘扬周有光先生对中国语文现代化的杰出贡献，会后我院决定编制纪念图册。

为丰富和完善纪念图册内容，我院林秋贵老师拜访周有光和周晓平先生，并多次与周晓平先生联系获取相关著作手稿和图片资料等。感谢周晓平、林秋贵、范炎培、李中生，感谢我院老师杨帮炎、李洁玲、王惠及张翠玲等为本书提供了丰富的史实资料和精美图片，为了促成此书的早日出版，他们付出了不少时间和精力。同时感谢暨南大学出版社人文社科分社潘雅琴总编辑为本书的出版尽心尽责，最后感谢在本书从编撰到出版的整个过程中，给予不同形式关心和支持的各方人士。

编撰者

二〇一五年九月